Alphabet
Sans culotte

ALPHABET SANS-CULOTTE,

Avec lequel les jeunes républicains français, de l'un et de l'autre sexe, peuvent apprendre à lire en peu de temps.

Ouvrage élémentaire, enrichi de la déclaration des Droits de l'Homme, des principes de la Constitution française, de la Prière républicaine et des Maximes propres à inspirer aux jeunes citoyens l'amour du travail et de la vertu.

A PARIS,

Chez DEBARLE, libraire, quai des Augustins, N°. 17, au bureau général des journaux.

L'AN II DE LA RÉPUBLIQUE.

ON TROUVE CHEZ LE MÊME LIBRAIRE:

Catéchisme Français Républicain, un vol. petit *in*-12, prix 8 sous broché.

Constitution Française, suivie du procès-verbal de son acceptation par le peuple Français, de la loi sur le gouvernement provisoire, et de la réponse de la Convention nationale aux rois coalisés contre la république française ; un vol. *in*-12, prix 15 sous broché.

Calendrier portatif, précédé de la loi sur la nouvelle ère française, prix 5 sols.

Plusieurs *Almanachs chantants*, destinés à l'éducation de la jeunesse.

Alphabet.

A, B, C, D, E, F, G, H, I,
J, K, L, M, N, O, P, Q, R, S,
T, U, V, X, Y, Z.

---

a, b, c, d, e, f, g, h, i, j, k, l,
m, n, o, p, q, r, s, t, u, v,
x, y, z.

---

*a, b, c, d, e, f, g, h, i, k, l,
m, n, o, p, q, r, s, t, u, v,
x, y, z.*

Lettres réunies, appellées Diphtongues.

æ, œ, fi, ffi, fl, ss,
si, st, et.

*Lettres Voyelles, qui ont un son
par elles-mêmes.*

a, e, i, o, u.

Consonnes, qui n'ont de son que lorsqu'elles sont liées à des Voyelles.

b, c, d, f, g, h, j, k, l, m, n, p, q, r, s, t, v, x, z.

Ponctuation.

, Virgule.
; Point-virgule.
: Deux-Points.
. Point.
? Point d'interrogation.
! Point d'exclamation.

Accens.

´ Accent aigu.
` Accent grave.
^ Accent circonflexe.
' Apostrophe.

ASSEMBLAGE PRIMITIF DES LETTRES.

ba	bé	bê	be	bi	bo	bu
ca	cé	cê	ce	ci	co	cu
da	dé	dê	de	di	do	du
fa	fé	fê	fe	fi	fo	fu
ga	gé	gê	ge	gi	go	gu
ha	hé	hê	he	hi	ho	hu
ja	jé	jê	je	ji	jo	ju
la	lé	lê	le	li	lo	lu
ma	mé	mê	me	mi	mo	mu
na	né	nê	ne	ni	no	nu
pa	pé	pê	pe	pi	po	pu
qua	qué	quê	que	qui	quo	quu
ra	ré	rê	re	ri	ro	ru
sa	sé	sê	se	si	so	su
ta	té	tê	te	ti	to	tu
va	vé	vê	ve	vi	vo	vu
xa	xé	xê	xe	xi	xo	xu
za	zé	zê	ze	zi	zo	zu

bla	blé	blê	ble	bli	blo	blu
bra	bré	brê	bre	bri	bro	bru
chra	chré	chrê	chre	chri	chro	chru
cla	clé	clê	cle	cli	clo	clu
dra	dré	drê	dre	dri	dro	dru
fra	fré	frê	fre	fri	fro	fru
gla	glé	glê	gle	gli	glo	glu
gna	gné	gnê	gne	gni	gno	gnu
gra	gré	grê	gre	gri	gro	gru
gua	gué	guê	gue	gui	guo	guu
pla	plé	plê	ple	pli	plo	plu
pra	pré	prê	pre	pri	pro	pru
pha	phé	phê	phe	phi	pho	phu
spa	spé	spê	spe	spi	spo	spu
sta	sté	stê	ste	sti	sto	stu
tla	tlé	tlê	tle	tli	tlo	tlu
tra	tré	trê	tre	tri	tro	tru
tha	thé	thê	the	thi	tho	thu
vra	vré	vrê	vre	vri	vro	vru

Mots séparés par des Syllabes.
Première Leçon.

â-non, a-mis, â-ge, bé-ni, bo-bo, bon-bon, ca-fé, ca-ge, ca-ve, ce-ci, ce-la, co-co, cô-te, cô-té, cui-re, cui-vre, da-da, da-me, de-ça, de-là, de-mi, do-do, do-du, é-té, ê-ve, é-cu, fa-ce, far-ce, fê-te, fê-tu, ga-ge, ga-la, hô-te, jo-li, jou-jou, ju-ge, ju-pe, lu-ne, lu-xe, ma-ri, mè-re, me-lon, mi-di, mi-net, pa-pa, pa-te du chat, pâ-té, pê-che, pè-re, pe-tit, po-li, plu-me, plu-met, po-che, pru-ne, pu-ce, ra-ve, ra-vi, re-çu, re-pos, ru-ban, rhu-me, ri-re, ro-be, ro-se, rô-ti, ru-de, sa-ge, se-rin, sou-pe, su-cre, ta-ble, ta-che, tâ-che, té-te, ter-re, u-ne, va-gue, va-leur, vil-le, vif, vi-ve, zè-le, zé-lé.

A 4

Seconde Leçon.

A-dam, A-bel, au-tel, hô-tel, ba-lai, ba-gue, bi-jou, bon-ne, bon-té, bon-jour, bon-soir, bou-quet, la cha-te, cha-ton, chai-se, chan-son, chan-ter, cha-peau, che-veu, che-veux, croû-te, dé-cret, din-don, en-fant, fan-fan, flû-te, fi-gue, fi-xe, frè-re, gar-çon, gas-con, gâ-teau, gla-ce, grâ-ce, gras-se, ha-bit, heu-re, jar-din, jas-min, joy-eux, la-pin, le-çon, li-vre, maî-tre, ma-man, mar-ron, mi-gnon, mi-net, moi-neau, peu-ple, pou-lain, pou-le, pou-let, pom-pon, pou-ce, poi-re, pom-me, poi-son, pou-pée, pru-neau, rai-sin, rec-teur, sa-bot, sa-le, mal-pro-pre, la sal-le d'u-ne mai-son,

sou-lier, la sou-ris, sour-cil, tam-
bour, ton-ton, tou-tou, tou-pet,
u-ni, ver-ger, ver-tu, ves-te.

Troisième Leçon.

A-do-re, a-do-ré, af-fa-ble, ai-
ma-ble, a-bri-cot, al-pha-bet, ap-pren-
dre, ar-moi-re, au-ba-de, ba-ga-ge,
bri-o-che, co-car-de, ce-ri-se, cha-
ri-té, che-mi-se, ci-to-yen, con-ven-
tion, cons-ti-tu-tion, cu-lot-te, car-
res-ser, quan-ti-té, é-co-le, é-cri-re, é-
pin-gle, e-xa-men, ex-trê-me, fra-ter-
ni-té, fe-nê-tre, fi-gu-re, fro-ma-ge, ga-
let-te, ga-vo-te, go-be-let, gi-ro-flée,
ha-bi-le, ho-nê-te, ha-rang, i-gno-rant,
in-di-vi-si-bi-li-té, ja-co-bins, mar-
mot-te, mon-ta-gnard, mon-ta-gne,
mo-des-te, mu-set-te, mu-si-que, noi-

A 5

set-te, nou-fri-ce, nou-ri-cier, o-me-let-te, pa-trie, pa-tri-o-tis-me, per-ro-quet, pe-tits-pois, po-ta-ge, pré-cep-teur, pré-ci-eux, pro-bi-té, pru-den-ce, ra-ma-ge, ré-pu-bli-que, ri-go-don, sans-cu-lot-te, ros-si-gnol, sa-la-de, sa-ges-se, sci-en-ce, tri-co-ter, ty-ran-nie, u-ni-té, u-ti-le, vé-ri-té, vil-la-ge, vi-nai-gre.

Quatrième Leçon.

Af-fa-bi-li-té, a-gré-a-ble, a-mé-ni-té, al-le-gres-se, Al-lo-bro-ge, as-si-gnat, ba-di-na-ge, bi-ga-reau, bis-cuit, ca-ma-ra-de, cas-se-mu-seau, chan-ge-ment, com-mu-ne, con-fi-tu-re, ché-ve-lu-re, ci-vi-li-té, den-tel-le, en-ga-ge-ment, é-cri-tu-re, é-ga-li-té, e-xer-ci-ce, ex-pres-si-on, ex-cel-len-te, do-ci-li-té, fa-vo-ra-ble, fi-dé-li-té, gé-né-ro-si-té, gra-ci-eux, gra-ci-eu-se, ha-bi-tu-de, hon-nê-te-té, ho-no-ra-ble, jé-ré-mi-a-de, lé-gi-ti-me, li-ber-té, ma-ri-a-ge, mou-tar-de, or-tho-gra-phe, phi-lo-so-phe, po-li-tes-se, pré-si-dent, pro-me-na-de, ré-cré-a-tion, ré-ga-la-de, se-ré-na-de, se-cou-ra-ble, sec-ti-on, so-bri-é-té, so-ci-a-ble, sou-ri-ci-è-re, soi-xan-te-dix, u-ti-li-té, vi-gi-lan-ce.

Cinquième Leçon, où ti se prononce ci.

On prononce	On écrit
Am-bi-ci-on,	Am-bi-ti-on.
as-so-ci-a-ci-on,	as-so-ci-a-ti-on.
dé-cla-ra-ci-on,	dé-cla-ra-ti-on.
os-ten-ta-ci-on,	os-ten-ta-ti-on.
ré-pé-ti-ci-on,	ré-pé-ti-ti-on.
cons-ti-tu-ci-on,	cons-ti-tu-ti-on.
con-ven-ci-on,	con-ven-ti-on.
pa-ci-en-ce,	pa-ti-en-ce.
fi-lo-so-fie,	phi-lo-so-phie.
pro-fé-cie,	pro-phé-tie.
mu-ni-cie,	mi-nu-tie.
an-ti-ci-pa-ci-on,	an-ti-ci-pa-ti-on.
u-ne por-ci-on,	u-ne por-ti-on.
les por-ci-ons,	les por-ti-ons.

Chiffres Arabes.

1 un, 2 deux, 3 trois, 4 quatre, 5 cinq, 6 six, 7 sept, 8 huit, 9 neuf, 0 zéro.

Chiffres Romains.

I un, II deux, III trois, IV quatre, V cinq, VI six, VII sept, VIII huit, IX neuf, X dix, XI onze, etc. XX vingt, XXX trente, XL quarante, L cinquante, LX soixante, XC quatre-vingt-dix, C cent, CC deux cents, CCC trois cents, CD quatre cents, D cinq cents, M mille.

DÉCLARATION
DES DROITS
DE L'HOMME
ET DU CITOYEN.

Le peu-ple Fran-çais, con-vain-cu que l'ou-bli et le mé-pris des droits na-tu-rels de l'hom-me, sont les seu-les cau-ses des mal-heurs du mon-de, a ré-so-lu d'ex-po-ser dans une dé-cla-ra-ti-on so-lem-nel-le ces droits sa-crés et i-na-li-é-na-bles, a-fin que tous les ci-to-yens pouvant com-pa-rer sans ces-se les ac-tes du gou-ver-ne-ment avec le but de tou-te ins-ti-tu-ti-on so-ci-a-le, ne se lais-sent ja-mais op-pri-mer et a-vi-lir par la ty-ran-nie, a-fin que le peu-ple ait tou-jours de-vant les yeux les ba-ses de la li-ber-té et de son bon-heur; le ma-gis-trat, la rè-gle de ses de voirs, le lé-gis-la-teur, l'ob-jet de sa mis-si-on.

En con-sé-quen-ce, il re-con-noît et pro-clame en pré-sen-ce de l'Ê-tre su-prê-me, la dé-cla-ra-ti-on sui-van-te des droits de l'hom-me et du ci-to-yen.

ARTICLE PREMIER.

Le but de la so-cié-té est le bon-heur com-mun; le gou-ver-ne-ment est ins-ti-tu-é pour ga-ran-tir à l'hom-me la jouis-san-ce de ses droits na-tu-rels et im-pres-crip-ti-bles.

II.

Ces droits sont l'é-ga-li-té, la li-ber-té, la sû-re-té, la pro-pri-é-t-é.

I I I.

Tous les hom-mes sont é-gaux par la na-tu-re et de-vant la loi.

I V.

La loi est l'ex-pres-si-on li-bre et so-lem-nel de la vo-lon-té gé-né-ra-le ; el-le est la mê-me pour tous, soit qu'el-le pro-tè-ge, soit qu'el-le pu-nis-se, el-le ne peut or-don-ner que ce qui est jus-te et u-ti-le à la so-ci-é-té, el-le ne peut dé-fen-dre que ce qui lui est nui-si-ble.

V.

Tous les ci-to-yens sont é-ga-le-ment ad-mis-si-bles aux em-plois pu-blics ; les peu-ples li-bres ne con-nois-sent d'au-tres mo-tifs de pré-fé-ren-ce dans leurs é-lec-tions que les ver-tus et les ta-lens.

VI.

La liberté est le pouvoir qui appartient à l'homme de faire tout ce qui ne nuit pas aux droits d'autrui ; elle a pour principe, la nature ; pour règle, la justice ; pour sauvegarde, la loi ; sa limite morale est dans cette maxime : *ne fais pas à un autre ce que tu ne veux pas qui te soit fait.*

VII.

Le droit de manifester sa pensée et ses opinions, soit par l'usage de la presse, soit de toute autre manière, le droit de s'assembler paisiblement, le libre exercice des cultes ne peuvent être interdits ; la nécessité d'énon-cer ces droits, sup-po-se ou la pré sen-ce ou le sou-ve-nir ré-cent du des-po-tis-me.

VIII.

La sû-re-té con-sis-te dans la pro-tec-ti-on ac-cor-dée par la so-cié-té à cha-cun de ces mem-bres, pour la con-ser-va-ti-on de sa per-son-ne, de ses droits, et de ses pro-pri-é-tés.

IX.

La loi doit pro-té-ger la li-ber-té pu-bli-que et in-di-vi-duel-le con-tre l'op-pres-si-on de ceux qui gou-ver-nent.

X.

Nul ne doit être ac-cu-sé, ar-rê-té ni dé-te-nu que dans les cas dé-ter-mi-nés par la loi, et se-lon les for-mes qu'el-le a pres-cri-tes. Tout ci-to-yen, ap-pe-lé ou sai-si par l'au-to-ri-té de la loi, doit o-bé-ir à l'ins-tant : il se rend cou-pa-ble par la ré-sis-tan-ce.

X I.

Tout acte exercé contre un homme hors des cas et sans les formes que la loi détermine, est arbitraire et tyrannique; celui contre lequel on voudroit l'exécuter par la violence, a le droit de le repousser par la force.

X I I.

Ceux qui solliciteroient, expédieroient, signeroient, exécuteroient ou feroient exécuter des actes arbitraires, sont coupables et doivent être punis.

XIII.

Tout homme étant présumé innocent jusqu'à ce qu'il ait été déclaré coupable, s'il est jugé indispensable de l'arrêter, toute rigueur qui ne seroit pas nécessaire pour s'assurer de sa personne, doit être sévèrement réprimée par la loi.

XIV.

Nul ne doit être jugé et puni qu'après avoir eté entendu ou légalement appellé, et qu'en vertu d'une loi promulguée antérieurement au délit. La loi qui puniroit des délits commis avant qu'elle existât, seroit une tyrannie; l'effet rétroactif donné à la loi seroit un crime.

XV.

La loi ne doit décerner que des

peines strictement et évidemment nécessaires ; les peines doivent être proportionnées au délit, et utiles à la société.

XVI.

Le droit de propriété est celui qui appartient à tout citoyen de jouir et de disposer à son gré de ses biens, de ses revenus, du fruit de son travail et de son industrie.

XVII.

Nul genre de travail, de culture, de commerce, ne peut être interdit à l'industrie des citoyens.

XVIII.

Tout homme peut engager ses services, son temps, mais il ne peut se vendre ni être vendu : sa personne n'est pas une propriété aliénable. La loi ne reconnoît point de domestique ; il ne peut exister qu'un engagement de soins, de reconnoissance entre l'homme qui travaille et celui qui l'emploie.

XIX.

Nul ne peut être privé de la moindre portion de sa propriété sans son consentement, si ce n'est lorsque la nécessité publique, légalement constatée, l'exige, et sous la condition d'une juste et préalable indemnité.

XX.

Nulle contribution ne peut être établie que pour l'utilité générale. Tous les citoyens ont droit de concourir à l'établissement des contributions, d'en surveiller l'emploi, et de s'en faire rendre compte.

XXI.

Les secours publics sont une dette sacrée, la société doit la subsistance aux citoyens malheureux, soit en leur procurant du travail, soit en assurant les moyens d'exister à ceux qui sont hors d'état de travailler.

XXII.

L'instruction est le besoin de tous, et la société doit favoriser de tout son pouvoir les progrès de la raison publique, et mettre l'instruction à la portée de tous les citoyens.

XXIII.

La garantie sociale consiste

dans l'action de tous, pour assurer à chacun la jouissance et la conservation de ses droits.

Cette garantie repose sur la souveraineté nationale.

XXIV.

Elle ne peut exister, si les limites des fonctions publiques ne sont pas clairement déterminées par la loi, et si la responsabilité de tous les fonctionnaires n'est pas assurée.

XXV.

La seuveraineté réside dans le peuple ; elle est une et indivisible, imprescriptible et inaliénable.

XXVI.

Aucune portion du peuple ne peut exercer la puissance du peuple entier, mais chaque section du souverain assemblée, doit jouir du droit d'exprimer sa volonté avec une entière liberté.

XXVII.

Que tout individu qui usurperoit la souveraineté, soit à l'instant mis à mort par les hommes libres.

XXVIII.

Un peuple a toujours le droit de revoir, de réformer et de changer sa constitution. Une génération ne peut assujétir à ses loix les générations futures.

XXIX.

Chaque citoyen a un droit égal de concourir à la formation de la loi et à la nomination de ses mandataires ou de ses agens.

XXX.

Les fonctions publiques sont essentiellement temporaires; elles ne peuvent être considérées comme des distinctions ni comme des récompenses, mais comme des devoirs.

XXXI.

Les délits des mandataires du peuple et de ses agens ne doivent jamais être impunis; nul n'a le droit de se prétendre plus inviolable que les autres citoyens.

XXXII.

Le droit de présenter des pétitions aux dépositaires de l'autorité publique, ne peut en aucun cas être interdit, suspendu ni limité.

XXXIII.

La résistance à l'oppression est

la conséquence des autres droits de l'homme.

XXXIV.

Il y a oppression contre le corps social, lorsqu'un seul de ses membres est opprimé.

Il y a oppression contre chaque membre, lorsque le corps social est opprimé.

XXXV.

Quand le gouvernement viole les droits du peuple, l'insurrection est pour le peuple, le plus sacré des droits, et le plus indispensable des devoirs.

Signé, COLLOT-D'HERBOIS, *Président.* DURAND-MAILLANE, DUCOS, MÉAULLE, CH. DELACROIX, GOSSUIN, P. A. LALOY, *Secrétaires.*

PRIÈRE RÉPUBLICAINE.

Gloire à Dieu seul! salut à tous ceux qui l'adorent, sans hypocrisie, du fond de leur cœur! Je suis leur frère et leur ami, quelles que soient leurs opinions.

Dieu de toute justice, être éternel, suprême, souverain arbitre de la destinée de tous les hommes; toi, qui es l'auteur de tout bien et de toute justice, pourrois-tu rejetter la prière d'hommes vertueux qui ne veulent que justice et liberté?

Ah! si notre cause est injuste, ne la défends pas. La prière de l'impie est un second péché; c'est t'outrager que de te demander ce qui n'est pas conforme à ta volonté sainte ! mais si nous ne sommes à tes genoux que pour obtenir ce que tu nous commandes toi-même; si nous te demandons que la puissance dont tu nous a revêtus soit favorable à nos vœux, prends sous ta protection sainte une nation généreuse, qui ne combat que pour l'égalité; ôte à nos ennemis déraisonnables la force criminelle de nous nuire; brise les fers que ces cyclopes orgueilleux veulent nous forger.

Bénis le drapeau de l'union sous lequel nous voulons tous nous réunir pour obtenir notre indépendance.

Bénis les généreux Parisiens, qui,

depuis quatre ans, exposent leur vie et leur fortune pour défendre leur patrie et la gloire.

Bénis les saintes phalanges de notre bouillante jeunesse qui brave la mort pour confondre les tyrans.

Bénis les familles respectables de ces vertueux enfans de la patrie, qui te prient de leur accorder victoire.

Bénis nos armées, nos assemblées, nos clubs et tous nos vertueux fonctionnaires publics. Donne des lumières à nos législateurs, et des forces à nos ministres.

Ouvre les yeux de nos frères égarés; fais que, rendus à la raison, ils rentrent paisiblement dans leurs foyers, pour jouir avec nous des précieux fruit de l'égalité, et pour chanter avec nous tes concerts, tes louanges dans les siècles des siècles. AINSI SOIT-IL.

MAXIMES RÉPUBLICAINES.

JETTES, mon fils, les yeux vers le ciel, tout t'y retrace l'image de Dieu.

Honore-le. Le meilleur moyen de le servir, c'est d'aimer le travail.

La Patrie, après Dieu, a droit à ta vénération et à ton attachement. Il n'est pas de sacrifice, celui même de la vie, que tu ne doive faire pour elle, quand son intérêt l'exige.

Honore ton père, ta mère, ton oncle, ta tente, tous ceux qui te comblent de leurs bienfaits.

Honore le magistrat, c'est le père de la Patrie, qui veille jour et nuit pour ta sureté.

Chéris ton frère, ta sœur, aime ton camarade, supporte patiemment leurs défauts, imite leurs vertus.

Respect aux vieillards, indulgence aux ames foibles, consolation aux malheureux, soulagement aux opprimés, douceur, patience, loyauté envers tous, tels sont les principaux devoirs que te prescrit la société.

FIN.

www.ingramcontent.com/pod-product-compliance
Lightning Source LLC
Chambersburg PA
CBHW060905050426
42453CB00010B/1578